道路货物运输安全知识手册

交通运输部
公安部 编
国家安全生产监督管理总局

人民交通出版社股份有限公司
China Communications Press Co.,Ltd.

内容提要

《道路货物运输安全知识手册》针对道路货运关键环节，剖析典型道路货运安全事故案例，揭示事故原因，总结事故教训，普及安全行车知识、操作规范和相关法律法规知识，供货运驾驶员学习参考。

图书在版编目(CIP)数据

道路货物运输安全知识手册 / 交通运输部，公安部，国家安全生产监督管理总局编. —北京： 人民交通出版社股份有限公司，2016.6
 ISBN 978-7-114-13112-7

Ⅰ.①道… Ⅱ.①交…②国… Ⅲ.①公路运输—货物运输—交通运输安全—手册 Ⅳ.① U492.8-62

中国版本图书馆 CIP 数据核字（2016）第 129685 号

Daolu Huowu Yunshu Anquan Zhishi Shouce

书　　名	道路货物运输安全知识手册
著 作 者	交通运输部 公安部 国家安全生产监督管理总局
责任编辑	林宇峰
出版发行	人民交通出版社股份有限公司
地　　址	（100011）北京市朝阳区安定门外外馆斜街3号
网　　址	http://www.ccpcl.com.cn
销售电话	（010）59757973
总 经 销	人民交通出版社股份有限公司发行部
经　　销	各地新华书店
印　　刷	北京建宏印刷有限公司
开　　本	880×1230　1/32
印　　张	1.75
字　　数	33千
版　　次	2016年6月　第1版
印　　次	2023年1月　第8次印刷
书　　号	ISBN 978-7-114-13112-7
定　　价	10.00元

（有印刷、装订质量问题的图书，由本公司负责调换）

致 读 者

亲爱的驾驶员朋友,道路运输是国民经济的基础性行业,你们长期奋战在运输事业的第一线,为保障国民经济发展和人民群众安全便捷出行,付出了艰苦的努力,做出了巨大的贡献。

作为职业驾驶员,你们在服务经济社会发展的同时,还肩负着保障人民生命财产安全,促进道路交通安全持续好转的社会责任。大家一以贯之的遵纪守法,持之以恒的文明驾驶,会对全社会驾驶员起到良好的示范引领作用,从而从根本上改善和提高整个社会的道路交通安全水平。

安全是道路运输永恒的主题。安全就是生命,事关千家万户,手握方向盘,安全记心间。大家驾车时对平安的守护,不仅是对自己和他人生命的守护,也是对亲人、朋友和所有交通参与者平安幸福的守护。一次几秒钟的耐心等待、一次大度的礼让,折射出来的是包容的传统美德,赢得的是他人的尊重与谢意,收获的是平安和幸福。

《道路货物运输安全知识手册》针对道路货运关键环节,剖析典型道路货运安全事故案例,揭示事故原因,总结事故教训,普及安全行车知识、操作规范和相关法律法规知识。希望大家能用心学好本书，将这些用鲜血凝结的经验牢记于心，增强驾驶安全意识，提升事故预防能力。守护平安，呵护幸福。

祝您一路平安！

二〇一六年六月

| 交通运输部 | 公安部 | 安监总局 |

CONTENTS 目 录

一、典型事故案例分析 ·············· 01
（一）事故案例一：超速行驶危害大·········· 02
（二）事故案例二：疲劳驾驶事故多·········· 07
（三）事故案例三：违法变道酿事故·········· 11
（四）事故案例四：车辆带病隐患多·········· 15
（五）事故案例五：非法载运惹祸端·········· 20

二、驾驶员安全操作规范 ·············· 25
（一）零担货物受理·················· 26
（二）货物装载原则·················· 28
（三）货物捆绑加固·················· 32

三、道路运输法律法规 ·············· 37
（一）道路运输动态监控管理规定·········· 38

（二）道路超载运输相关规定…………… 40

（三）道路超限运输相关规定…………… 42

（四）违法行为刑事处罚相关规定………… 44

（五）违法经营行为处罚相关规定………… 47

（六）重大交通违法行为记分相关规定……… 50

一

典型事故案例分析

十次肇事九次快,疲劳酒驾事故来;
违法变道危害大,制动不当事故多;
车辆带病埋隐患,非法载运惹祸端;
经验教训要牢记,谨慎驾驶保平安。

(一)事故案例一:超速行驶危害大
——荣乌高速公路烟台莱州段"1·16"重大道路交通事故

■ 事故经过

2015年1月16日,驾驶员柳某驾驶一辆装载汽油的重型罐式货车,在冰雪路面以62公里/小时的速度沿荣乌高速公路行驶到饮马池大桥处,发现前方发生事故的面包车后,紧急刹车避让,车辆发生侧滑,重型罐式货车尾部与桥南侧水泥护栏碰撞后,又与面包车发生碰撞,两车斜向停于车道内。此时一辆大客车刚好行驶至此,与重型罐式货车发生碰撞,造成货车卸油口损坏,所载汽油泄漏;尾随大客车的一辆小型越野车因躲闪不及撞击大客车左侧中前部,撞击产生的火花引起汽油爆燃,

一、典型事故案例分析

造成12人死亡、6人受伤。

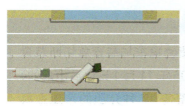 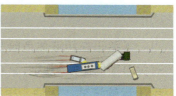

■ 事故主要原因

重型罐式货车驾驶员超速行驶是导致事故发生的主要原因。重型罐式货车驾驶员柳某在冰雪路面超速行驶（事发车速62公里/小时，限速30公里/小时），发现前方发生事故的车辆后，紧急刹车避让，操作失误造成车辆失控。另外，重型罐式货车押运员在非装卸作业时未关闭紧急切断阀，违反了紧急切断阀操作规程，导致大量汽油泄漏、爆燃，是导致重大人员伤亡的主要原因。

相关法律规定

《道路交通安全法实施条例》第四十六条第四款规定，在冰雪、泥泞的道路上行驶时，最高行驶速度不得超过30公里/小时。

《道路运输条例》第二十七条规定，国家鼓励货运经营者实行封闭式运输，保证环境卫生和货物运输安全。货运经营者应当采取必要措施，防止货物脱落、扬撒等。运输危险货物应当采取必要措施，防止危险货物燃烧、爆炸、辐射、泄漏等。

相关法律规定

《关于在用液体危险货物罐车加装紧急切断装置有关事项的通知》规定，2006年11月1日以后出厂的，用于运输汽油、柴油、甲醛等17种介质的常压金属罐车要加装紧急切断装置；2014年7月7日以后生产的，罐体设计代码第三部分为"B"并且罐体装卸料口设置在罐体底部或根部的新出厂常压罐车必须安装紧急切断装置。自2015年1月1日起，没有加装紧急切断装置且无安全技术检验合格证明的液体危险货物罐车，年审一律不予通过，并注销其道路运输证。

■ 事故法律责任

重型罐式货车驾驶员、押运员、实际车主、重型罐式货车所挂靠运输企业的2名股东等10人涉嫌危险物品肇事罪，被依法逮捕，追究刑事责任。

24名相关责任人受党纪、政纪处分，7家涉事企业及其主要责任人受相应行政处罚。

■ 超速行驶的危害

车速越高，车辆行驶稳定性越差、车辆制动距离越长、驾驶员判断处置能力下降，从而影响行车安全。

车辆行驶稳定性变差。车速越高，轮胎与路面之间的摩擦力越小，当行驶在湿滑路面、转弯路段时，车辆非常容易发生侧滑、失稳、失控的危险。

车辆制动距离变长。车速越高，车辆的动能越大，车辆越容易"刹不住"。

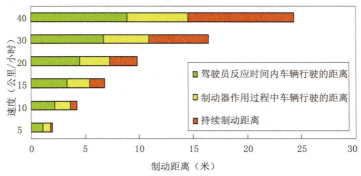

车速与制动距离对应关系

驾驶员判断处置能力下降。车速越高，每一瞬间驾驶员接收到的交通信息增多，反应变得迟缓，信息有效处理能力下降，错误操作增多，更不容易控制好车辆。

■ 超速行驶的预防

预防超速行驶，一是驾驶员要深刻认识到超速的危害，树立守法意识，在任何情况下都要遵守道路限速规定。

二是驾驶员在出车前要做好行车计划，规划好行车路线和行车时间，不要因为赶时间而超速行驶。

三是在行车中，驾驶员要保持平和的心态，不急不躁，注意观察车速表和限速标志，以防超速。尤其是在雨、雪、

雾,路面湿滑、结冰,通过交叉路口、学校、医院、村庄等特殊交通环境下,更应该谨慎驾驶,主动降低车速,保持足够的安全距离。

■ 紧急切断阀使用常识

紧急切断阀是安装在液体危险货物罐车的液、气接口处的安全装置。当罐车出现管道破裂、阀体易熔塞熔化等紧急情况时,可在现场或一定距离之内控制紧急切断阀开启和关闭,以防止危险液体

大量泄漏,避免或减少事故的发生。

使用紧急切断阀时,要遵守以下操作规范:

①应经常检查紧急切断阀,确认无腐蚀、生锈、裂纹、松脱、渗漏等异常情况。

②装卸作业完毕后,应立即关闭紧急切断阀;运输过程中,应确保紧急切断阀处于关闭状态。

一、典型事故案例分析

（二）事故案例二：疲劳驾驶事故多
——河南信阳光山县"8·12"重大道路交通事故

■ 事故经过

2013年8月10日22点左右，驾驶员张某与李某共同驾驶一辆重型仓栅式货车从周口市太康县出发，于8月11日18点30分，将货物运送至湖南省邵阳市某市场。经重新配货后，又连夜启程，于8月12日8点左右到达

武汉市新洲区。当日11点30分卸货完毕后赶往罗山县,自中午12点左右,由张某驾驶重型仓栅式货车。15点58分,重型仓栅式货车行驶到河南信阳市光山县境内312国道768公里加260米转弯处时,因驾驶员疲劳驾驶越过道路中心实线,与相向行驶的大客车发生侧面碰撞,致使两车冲入路边稻田,造成大客车上乘客11人死亡、12人受伤。

事故主要原因

重型仓栅式货车驾驶员疲劳驾驶是导致事故发生的主要原因。重型仓栅式货车驾驶员张某和李某从8月10日22点左右开始,一直到事故发生时,连续两晚进行夜间驾驶,执行运输任务达42小时,这种高强度的运输任务使得驾驶员均处于疲劳状态。驾驶员张某从当日12点开始驾驶重型仓栅式货车,至15点58分,连续驾驶4小时未休息,在疲劳驾驶状态下,与大客车发生碰撞事故。

相关法律规定

《道路交通安全法》第二十二条第二款规定,饮酒、服用国家管制的精神药品或者麻醉药品,或者患有妨碍安全驾驶机动车的疾病,或者过度疲劳影响安全驾驶的,不得驾驶机动车。

《道路交通安全法实施条例》第六十二条第七款规定,驾驶机动车不得连续驾驶超过4小时未停车休息或者停车休息时间少于20分钟。

一、典型事故案例分析

■ 事故法律责任

重型仓栅式货车驾驶员张某涉嫌交通肇事罪,被刑事拘留,驾驶员李某也被依法逮捕。

肇事重型仓栅式货车所属运输企业的经理、安全经理、安全员等人员因涉嫌重大责任事故罪,被依法追究刑事责任。

肇事重型仓栅式货车所属运输企业被吊销相关证照。

■ 疲劳驾驶的危害

驾驶疲劳时,驾驶员的感知能力和操作能力下降,影响行车安全:

感知能力下降。驾驶员疲劳后,容易发困、恍惚、注意力分散,对速度和距离判断不准确,对常见的安全风险"视而不见"。

操作能力下降。驾驶员疲劳后,反应迟钝,动作变慢,动作的连贯性变差,车速不稳定,不能很好控制方向,及时地刹车。

■ 疲劳驾驶预防

预防疲劳驾驶，一是感到疲劳时，尽快停车休息。

二是驾驶员每天要有足够的睡眠时间，保持精力充沛。

三是行车中，驾驶员自觉遵守驾驶时间和休息时间的规定，按时停车休息，不要超时驾驶车辆，不要赶时间。

四是生病或身体状态不好时，尽量不要开车；如需要行车，更应该增加休息时间和次数。如果服用了抑制中枢神经的药物、精神药品或者麻醉药品后，坚决不能驾驶车辆。

一、典型事故案例分析

（三）事故案例三：违法变道酿事故
——陕西包茂高速延安段"8·26"特大道路交通事故

■ 事故经过

2012年8月26日2点29分，经过短暂休息和驾驶员轮换后，驾驶员闪某驾驶一辆重型半挂货车，运载35.22吨甲醇（核载33.5吨），从安塞服务区出发，违法越过匝道导流线驶入包茂高速公路第二车道。此时，一辆卧铺大客车正沿包茂高速公路由北向南在第二车道行驶至安塞服务区路段。2点31分左右，卧铺大客车在未采取任何制动措施的

情况下，追尾碰撞重型半挂货车，致重型半挂货车罐式车体内甲醇泄漏并起火，造成大客车乘客36人死亡、3人受伤。

■ 事故主要原因

重型半挂货车驾驶员违法越过匝道导流线进入高速公路是导致事故发生的一个主要原因。重型半挂货车驾驶员从服务区驶出，在未充分加速的情况下（事发时车速为21公里/小时），直接越过匝道导流线驶入高速公路的第二车道，对高速公路正常行驶的车辆形成安全隐患。

卧铺大客车驾驶员陈某因疲劳驾驶未觉察险情和及时采取安全措施，结果导致卧铺大客车追尾碰撞重型半挂货车，是事故发生的另一个主要原因。

相关法律规定

《道路交通安全法实施条例》第七十八条规定，高速公路应当标明车道的行驶速度，最高车速不得超过120公里/小时，最低车速不得低于60公里/小时。

《道路交通安全法实施条例》第七十九条规定，机动车从匝道驶入高速公路，应当开启左转向灯，在不妨碍已在高速公路内的机动车正常行驶的情况下驶入车道。

一、典型事故案例分析

■ 事故法律责任

重型半挂货车驾驶员闪某和张某因涉嫌危险物品肇事罪，被依法逮捕；卧铺客车驾驶员史某因涉嫌重大责任事故罪，被依法逮捕。

货车所属运输企业的总经理、副总经理、危货科科长、安全科副科长等相关人员分别受到撤职、撤销党内职务、行政记过等党纪、政纪处分。

■ 从匝道违法进入高速公路的危害

从匝道越过导流线进入高速公路时，会产生驾驶盲区，与车道内正常行驶的车辆形成交通冲突，危及行车安全，引发以下两方面问题：

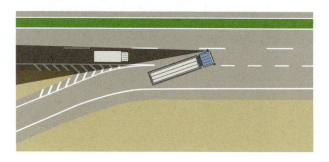

①产生驾驶盲区。从匝道越过导流线进入高速公路时，因车辆的行驶方向与车道方向形成夹角，产生驾驶盲区，驾驶员无法观察到高速公路车道内的交通情况。

②形成交通冲突。驾驶员没有充分加速就驶入高速公路行车道，与车道内正常行驶的车辆速度不一致，形成交通冲突，会干扰后方来车的正常通行，极易引发追尾事故。

■ 驶入高速公路的正确方法

匝道行车时,不准超车、停车和倒车,在未充分加速情况下,不得从匝道直接进入高速公路。

车辆从匝道进入加速车道后,应开启左转向灯,迅速将车速提高到 60 公里/小时以上;仔细观察高速公路行车道内的交通情况,选择驶入行车道的时机,在不影响其

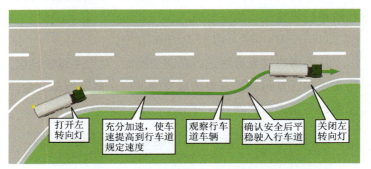

打开左转向灯 | 充分加速,使车速提高到行车道规定速度 | 观察行车道车辆 | 确认安全后平稳驶入行车道 | 关闭左转向灯

（四）事故案例四：车辆带病隐患多
——福建厦蓉高速漳州段"3·22"重大道路交通事故

■ **事故经过**

2013年3月22日11点25分左右，驾驶员别某驾驶一辆制动系统存在安全隐患的重型半挂汽车列车，运载34吨水泥（核载31吨），从福建龙岩开往漳州，当行驶到厦蓉高速109公里加524米长陡下坡处，持续使用制动，结果导致制动器过热，制动效能下降、失效，先后与小型客车、大客车和重型自卸货车发生碰撞，造成12人死亡、34人受伤。

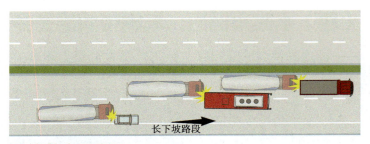

长下坡路段

■ 事故主要原因

重型半挂汽车列车前轮制动系统存在严重隐患是导致事故发生的主要原因。重型半挂汽车列车前轮制动器被人为解除，较长时间车辆维修检查不到位，部分制动器机件磨损、损伤或沾油，严重影响车辆制动性能。

此外，下长坡制动使用不当是导致事故发生的另一个主要原因。别某驾驶带病车辆上路，下长坡时，挂最高前进挡，持续使用制动，导致制动器摩擦过热，制动效能下降，直至制动失效。在发现车辆制动性能下降，车速无法控制时，未能采取其他有效避险措施，导致事故发生。

相关法律规定

《道路交通安全法》第二十一条规定，驾驶人驾驶机动车上道路行驶前，应当对机动车的安全技术性能进行认真检查；不得驾驶安全设施不全或者机件不符合技术标准等具有安全隐患的机动车。

《道路交通安全法》第二十二条第一款规定，机动车驾驶人应当遵守道路交通安全法律、法规的规定，

一、典型事故案例分析

按照操作规范安全驾驶、文明驾驶。

《道路运输条例》第三十一条规定,客运经营者、货运经营者应当加强对车辆的维护和检测,确保车辆符合国家规定的技术标准;不得使用报废的、擅自改装的和其他不符合国家规定的车辆从事道路运输经营。

■ 事故法律责任

重型半挂汽车列车驾驶员别某、物流公司法人常某、肇事车辆车主张某、汽车修理厂负责人李某被依法逮捕,追究刑事责任。

肇事重型半挂汽车列车所属运输企业,事故涉及汽车修理厂、物流企业及其主要负责人受到相应的行政处罚。

■ 车辆带病上路的危害

保持车辆技术状况良好,是预防道路交通事故的重要措施。制动、转向、轮胎等安全部件失效,往往会导致重大道路交通事故。

制动系统故障。制动系统气压不足、制动轮毂异常磨损、人为拆除制动器,易导致车辆

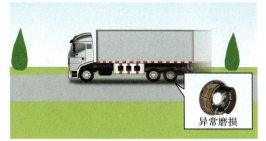

异常磨损

17

制动跑偏、制动失效，刹不住车。

转向系统故障。转向系统转向助力泵失效、车轮定位不准、横直拉杆有裂纹，易引发转向沉重、车轮跑偏、转向失效，造成车辆失控。

轮胎故障。轮胎存在异常磨损、裂纹、割痕、鼓包、夹杂异物等现象，易引发爆胎、漏气，导致车辆转向困难、跑偏、失控，发生事故。

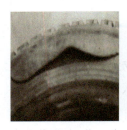  

轮胎裂纹　　　　　轮胎异常磨损　　　　　轮胎鼓包

其他安全部件故障。汽车电气线路老化、龟裂、短路，输油管路泄漏，易导致车辆自燃。

■ 下坡制动使用不当的危害

下长坡时，持续制动会使制动器长时间连续摩擦产生大量的热量，导致制动器温度迅速升高，当温度升至600～700℃时，会出现制动热衰退现象，造成制动效能迅速下降，当温度继续升高时，制动将完全失效，车辆失去控制，从而

引发事故。

■ 预防车辆带病上路

预防车辆带病上路,主要是做好车辆的日常检查和维护。驾驶员在每日出车前、行车中和收车后都要对车辆主要安全部件进行检查,确保车辆各部件技术性能良好。发现故障,当及时送修。按要求定期进行车辆的维护保养,确保车辆技术状况良好。

■ 下长坡安全行车要领

长下坡时,驾驶员要减挡降速,提前减至适当的挡位,利用发动机的牵制作用降低车速,同时,开启缓速制动装置和排气制动,间歇性地使用行车制动,控制好车速、方向和安全距离。中途选择安全地带进行必要的停车休息,使制动器自然降温。避免使用紧急制动及持续长时间使用制动,严禁空挡滑行和中途换挡。出现制动失效时,要遵循"避重就轻"的处置原则,充分利用紧急避险车道、坡道或天然障碍物帮助减速停车。

(五)事故案例五:非法载运惹祸端
——沪昆高速湖南邵阳段"7·19"特大道路交通事故

■ 事故经过

2014年7月19日2点57分左右,驾驶员刘某(具有普通货运从业资格)驾驶轻型仓栅式货车(经营范围为普通货运),运载6.52吨乙醇,由湖南省长沙县运往武冈市,车辆沿沪昆高速公路自东向西行驶到湖南省邵阳市境

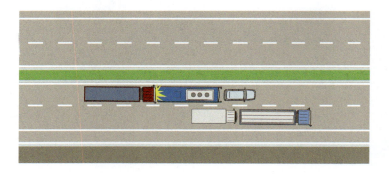

一、典型事故案例分析

内 1309 公里加 33 米处,与前方停车排队等候通行的大客车发生追尾碰撞,使轻型仓栅式货车载运的乙醇泄漏燃烧,引燃多辆汽车,造成 54 人死亡、6 人受伤,公路设施受损。

■ 事故主要原因

轻型仓栅式货车未经许可,非法运载危险品是事故发生的主要原因。刘某未取得道路危险货物运输从业资格证,缺乏危险货物运输常识和应急处置能力,所驾驶的轻型仓栅式货车不具备危险货物运输条件,非法运载乙醇,导致车辆追尾碰撞事故的发生。

相关法律规定

《道路运输条例》第二十四条规定,从事危险货物运输的,应具备经检测合格的危险货物运输专用车辆、设备和经所在地设区的市级人民政府交通主管部门考试合格,取得上岗资格证的驾驶人员、装卸管理人员、押运人员。

《道路危险货物运输管理规定》第八条第三款规定,从事道路危险货物运输的驾驶人员、装卸管理人员、押运人员应当经所在地设区的市级人民政府交通运输主管部门考试合格,并取得相应的从业资格证。

《道路危险货物运输管理规定》第二十三条第一款规定,禁止使用报废的、擅自改装的、检测不合格的、车辆技术等级达不到一级的和其他不符合国家规定的车辆从事道路危险货物运输。

■ 事故法律责任

轻型仓栅式货车驾驶员刘某、押运员张某在事故中死亡，免予追究刑事责任。

轻型仓栅式货车实际车主张某、涉事化工品公司法定代表人、装卸人员等35人被依法逮捕，追究刑事责任。

事故所涉及的化工品公司、客运公司、汽车检测公司等企业及其有关责任人受相应的行政处罚。

■ 非法载运危险品的危害

道路运输危险货物种类多、专业性强，驾驶员未接受专业系统培训，取得危险货物运输从业资格时，就无法系统掌握危险货物的特性、运输要求、应急处置方法等知识和技能，难以保障运输安全。

危险货物运输车辆应具备较高的技术条件，需要配置熄灭火星装置、导静电拖地带等安全装置，此外，使用不符合技术要求或无运输资质的车辆运输危险货物时，由于

车辆的密封、冷却等技术条件达不到要求，导致危险货物在运输过程中泄漏或产生化学变化，从而引发恶劣的运输安全事故。

熄灭火星装置

导静电拖地带

■ 危险货物安全运输基本要求

驾驶员、押运员和装卸管理员需经过系统培训和考核，依法取得相应的从业资格证件，在装卸、运输过程中要按规范操作。

危险货物运输的专用车辆、设备应符合有关技术要求，并配备与运输的危险货物性质相适应的安全防护、环境保护和消防设施设备。

运输爆炸物品、放射性等危险物品时，必须向公安部门申请，经批准后按指定的线路、时间及速度进行，并悬挂警示标志和采取必要的安全措施。

驾驶员安全操作规范

货物运输环节多，规范操作是根本；
货物受理订合同，照单核查不可少；
车辆选用要合适，布置均衡不超重；
捆绑加固要得当，适时检查隐患除。

（一）零担货物受理

货物受理是道路货物运输业务的初始环节，也是防范托运人夹带、瞒报违禁物品和危险物品，确保道路货物运输安全的重要关口。在受理零担货物托运时，承运人要遵守以下操作规范：

①依法与托运人签订运输合同，认真核对并登记托运单位、托运人身份信息及托运货物的品名、数量等信息。

②按照零担货物受理安全检查制度要求对货物进行抽检抽查，确保托运货物品名、数量等信息与运单填写信息一致，防止托运人在普通货物中夹带违禁物品，防止托运人瞒报危险物品。

> **案例　快递员开箱验货，截毒获奖**
>
> 2016年3月23日中午，几名男子来到某快递公司，准备将一批纸箱包装的货物托运到境外。接单的快递员根据相关规定，坚持要对货物当面开箱检查时，寄件男子神情突然变得不自然，随后借故离开。快递员觉得这件事情十分可疑，立即报警。民警赶到现场后，对可疑男子准备寄出的全部货物进行开箱检查，并对封装的白色晶体物进行检验，发现该批货物为毒品冰毒。由于快递员有较强的责任意识，发现可疑情况及时报警，使得该批毒品被成功拦截，获得了有关部门给予的10万元现金奖励。

③对于重点时段、运往重点区域和特殊场所的货物应进行开箱（包）验视，检查中发现违禁物品、可疑物品或瞒报危险物品时，及时报告公安机关或相关管理部门。

④检查货物包装是否良好，包装轻度破损，托运人坚持装箱起运的，需经承运人同意并做好记录，双方签字或盖章后，方可承运，由此而产生的损失由托运人负责。

相关法律规定

根据《反恐怖主义法》第八十五条规定，公路货运物流运营单位有下列情形之一的，由主管部门处 10 万元以上 50 万元以下罚款，并对其直接负责的主管人员和其他直接责任人员处 10 万元以下罚款：

（1）未实行安全查验制度，对客户身份进行查验，或者未依照规定对运输、寄递物品进行安全检查或者开封验视的；

（2）对禁止运输、寄递，存在重大安全隐患，或者客户拒绝安全查验的物品予以运输、寄递的；

（3）未实行运输、寄递客户身份、物品信息登记制度的。

（二）货物装载原则

为了保障道路货物运输安全、高效，货物装载应遵循以下原则：

①选择合适的运输车辆。运输车辆的种类较多，有厢式货车、集装箱车、平板货车、仓栅式货车、罐式货车等，车辆的选择应满足货物安全、高效运输的要求，适合所运货物的种类、特性、外形尺寸、货运量以及运输距离等。比如：

对于原木、木板、钢筋等长条状货物，所选择的运输车辆应有足够的长度，防止因货物超出货厢而影响车辆转弯时的安全性。

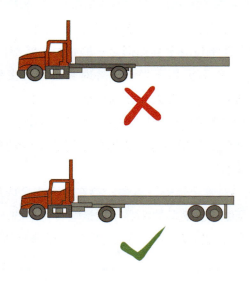

二、驾驶员安全操作规范

对于流体货物和松散货物,所选择的运输车辆应具备能够完全容纳货物的货厢,货厢的结构和设计应尽可能减少货物在货厢内的移动,以降低由此带来的对车辆行驶稳定性的影响。

松散货物的运输车辆车厢顶部应具备密封装置,或者使用防水篷布将货物覆盖,以避免货物遗撒或淋雨。流体货物运输车辆的罐体内部应尽可能地设置隔板,防止流体货物未全部充满罐体时,部分流体在罐体内流动对车辆造成的冲击。

②货物装载顺序应遵循"后到先装,先到后装"的原则,尽可能将最后送达的客户的货物放置于紧靠货厢最前端的位置,第一位送达的客户的货物则紧靠货厢后部放置。

③正确布置货物。驾驶员要确保在载货汽车核定的载

质量限额内配载货物,严禁超载。同时,还要注意车辆轴载质量应符合要求。

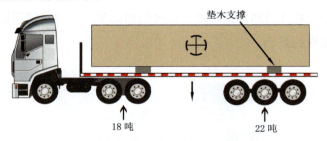

配载时,装载人员要注意使货物质量尽可能均匀地分布于载货平面,沿车辆纵向中心线均衡顺装,较重的物件尽量放置于车厢的中部,尽量降低整车重心位置。

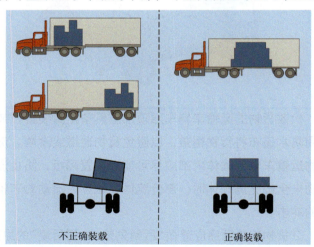

④根据货物特性、车辆货厢结构与加固点选择填充、货物加固装置,并对货物施加适当的约束。对西瓜、蔬菜等散装货物之间的空隙可以使用稻草、纤维等填充物,防

二、驾驶员安全操作规范

止碰撞、移动。对起脊装运的成件包装货物或袋装货物采用绳网加固，对大型货物采用阻挡和栓紧带等装置加固，并根据相关标准的规定对货物施加约束力，防止货物窜动、倒塌和坠落。

（三）货物捆绑加固

对于耐压且不会压缩变形的单件货物或者堆码整齐且无空隙的货物，可利用栓紧带、绳等栓紧装置对货物采用横向或纵向下压捆绑加固的方法，通过施加额外的下压力来增大接触表面的摩擦力，从而对货物起到固定作用。

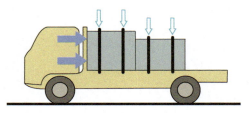

捆绑货物时，捆绑的角度影响作用力的大小，捆绑角度越大，货物受到的作用力也会越大。国外研究表明，捆绑角度不宜小于 30°，捆绑角度 90° 时的作用力最大，但同时要注意防范货物侧翻的风险。

图　　例	捆绑角度（°）	固定效果（%）
↓▭↓	90	100
◿▭◺	60	85
◿▭◺	45	70
◿▭◺	30	50
◿▭◺	15	25

二、驾驶员安全操作规范

为了增加摩擦力，可在货厢底板与货物的接触面之间放置橡胶垫、木垫等防滑材料，增强防滑效果。

对于气瓶、油桶等圆柱形货物，宜将货物成组捆绑，并将货物贴近货厢前部直立摆放，同时在侧面将货物固定牢靠。

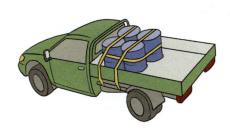

在运输原木、钢板等长条、成垛堆码货物时，可使用钢丝绳或其他专用捆绑固定器材，对每垛起脊部分做整体捆绑固定。

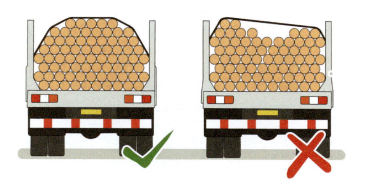

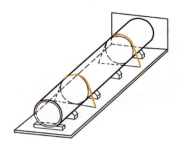

对于排水管等较长的柱状物，由于货物没有连接点，至少使用两对绳索环形拴紧固定货物，且沿货物的纵向使用阻挡装置。

对于大件不稳定货物，可在相对货物装载方向对称平行使用"八"字形或倒"八"字形平行斜拉拴紧加固方式，也可使用"又"字形、反"又"字形交叉斜拉拴紧加固方式，并合理使用阻挡装置。

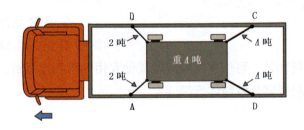

"八"字形平行斜拉拴紧加固

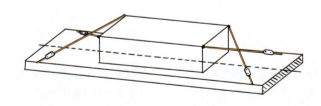

"又"字形交叉斜拉拴紧加固

二、驾驶员安全操作规范

采用交叉斜拉拴紧方式时，要注意选取合适的货物拴固位置和车辆上的系固点位置，避免出现集中受力。

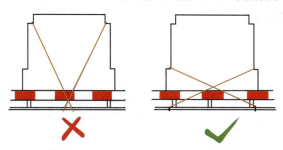

为了保证捆绑的牢固性，系固点应有足够的强度，且栓固时，应保证栓固位置不会变形。

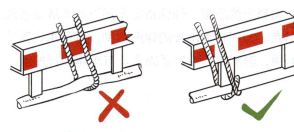

为了避免栓紧带（绳）和货物因捆绑作用力而出现异常磨损，在栓紧带（绳）与货物、车辆棱角接触处可采取必要的防磨措施。

 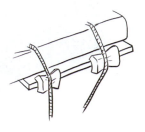

装运圆柱形货物时，可选用适当规格和材质的凹木、三角挡、座架等垫木材料和装置，并采取腰箍下压、拉牵等加固方式。

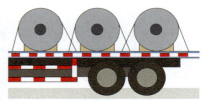

装运球形货物时，应选用适当规格、具有足够强度、能保证货物稳定的座架，确保货物底部不与车底板接触。对无拴结点、加固较为困难的球形货物，可采用在球体上部加装套圈，套圈四周引出系固点，与车体进行加固。

道路运输法律法规

运输安全责任大,法律法规须遵守;
监控系统作辅助,危险情形发警报;
装载不当埋隐患,超载超限事故多;
违法驾驶被记分,情况严重受刑罚。

（一）道路运输动态监控管理规定

根据《道路运输车辆动态监督管理办法》的规定，用于公路营运的危险货物运输车辆、半挂牵引车以及重型载货汽车（总质量为 12 吨及以上的普通货运车辆），必须安装和使用具有行驶记录功能的卫星定位装置，并接入符合要求的监控平台。新购置的危险货物运输车辆、半挂牵引车以及重型载货汽车，在出厂前应安装符合标准的卫星定位装置。

未按照要求安装卫星定位装置，或者已安装卫星定位装置但未能在联网联控系统（重型载货汽车和半挂牵引车未能在道路货运车辆公共平台）正常显示的车辆，不予发放或者审验《道路运输证》。

三、道路运输法律法规

新出厂车辆安装的卫星定位装置,任何单位和个人不得随意拆卸。任何单位和个人不得破坏卫星定位装置以及恶意人为干扰、屏蔽卫星定位装置信号,不得篡改卫星定位装置数据。

道路运输经营者应当确保卫星定位装置正常使用,保持车辆运行实时在线。卫星定位装置出现故障不能保持在线的道路运输车辆,道路运输经营者不得安排其从事道路运输经营活动。

相关法律规定

道路运输经营者使用卫星定位装置出现故障不能保持在线的运输车辆从事经营活动的,由县级以上道路运输管理机构责令改正。拒不改正的,处800元罚款。

破坏卫星定位装置以及恶意人为干扰、屏蔽卫星定位装置信号的,或者伪造、篡改、删除车辆动态监控数据的,由县级以上道路运输管理机构责令改正,处2000元以上5000元以下罚款。发生两次及以上上述行为的,取消相应营运资质和从业资格。

发生道路交通事故且具有上述违规情形的,依法追究相关人员的责任;构成犯罪的,依法追究刑事责任。

（二）道路超载运输相关规定

驾驶员应当在载货汽车核定的载质量限额内装载货物，严禁超载。根据《关于在全国开展车辆超限超载治理工作的实施方案》（交公路发〔2004〕219号）的要求，所有车辆在装载时，既不能超过下列第①至⑤种情形规定的超限标准，又不能超过下列第⑥种情形规定的超载标准：

①二轴车辆，其车货总重超过20吨的；

②三轴车辆，其车货总重超过30吨的（双联轴按照两个轴计算，三联轴按照三个轴计算，下同）；

③四轴车辆，其车货总重超过40吨的；

④五轴车辆，其车货总重超过50吨的；

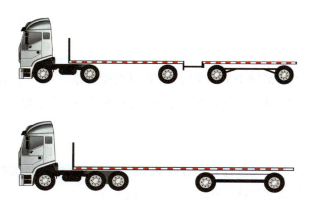

⑤六轴及六轴以上车辆，其车货总重超过 55 吨的；

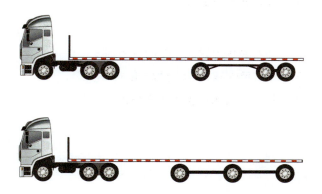

⑥虽未超过上述五种标准，但车辆装载质量超过行驶证核定载质量的。

（三）道路超限运输相关规定

超限运输车辆未经公路管理机构批准，不得在公路上行驶。具有下列情形之一的运输车辆属于超限运输车辆：

（1）车货外廓尺寸超过规定值。

①车货总高度从地面算起4米以上（运输集装箱汽车的车货总高度从地面算起4.2米以上）；

②车货总长18米以上；

③车货总宽度2.5米以上。

（2）车辆轴载质量在下列规定值以上：

①单轴（每侧单轮胎）载质量6吨；

②单轴（每侧双轮胎）载质量10吨；

③双联轴（每侧单轮胎）载质量10吨；

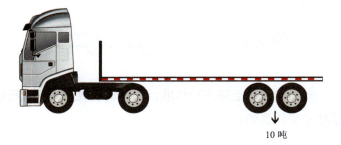

10吨

④双联轴（每侧各一单轮胎、双轮胎）载质量14吨；

⑤双联轴（每侧双轮胎）载质量18吨；

⑥三联轴（每侧单轮胎）载质量 12 吨；

12 吨

⑦ 三联轴（每侧双轮胎）载质量 22 吨。

（3）车货总质量超过规定值。

单车、半挂列车、全挂列车车货总质量 40 吨以上；集装箱半挂列车车货总质量 46 吨以上。

经批准进行超限运输时，驾驶员应当随车携带超限运输车辆通行证，按照公路管理机构核定的时间、路线和速度行驶，并悬挂明显标志。

（四）违法行为刑事处罚相关规定

2015年8月29日，第十二届全国人民代表大会常务委员会第十六次会议通过了《刑法修正案（九）》，其中，包含了行车安全、驾驶证使用等刑事处罚规定。

（1）交通肇事罪或危险驾驶罪。

驾驶员违反交通运输管理法规，发生重大事故致人重伤、死亡或者使公私财产遭受重大损失的，处3年以下有期徒刑或者拘役；交通运输肇事后逃逸或者有其他特别恶劣情节的，处3年以上7年以下有期徒刑；因逃逸致人死亡的，处7年以上有期徒刑。在道路上驾驶机动车追逐竞驶，情节恶劣的，处拘役，并处罚金。

在道路上驾驶机动车，有下列情形之一的，处拘役，并处罚金，同时构成其他犯罪的，依照处罚较重的规定定罪处罚：

①追逐竞驶，情节恶劣的；

②醉酒驾驶机动车的；

③从事校车业务或者旅客运输，严重超过额定乘员载客，或者严重超过规定时速行驶的；

④违反危险化学品安全管理规定运输危险化学品，危及公共安全的。

（2）危险物品肇事罪。

违反爆炸性、易燃性、放射性、毒害性、腐蚀性物品的管理规定，在生产、储存、运输、使用中发生重大事故，造成严重后果的，处3年以下有期徒刑或者拘役；后果特别严重的，处3年以上7年以下有期徒刑。

（3）重大责任事故罪。

在生产、作业中违反有关安全管理的规定，因而发生重大伤亡事故或者造成其他严重后果的，处3年以下有期徒刑或者拘役；情节特别恶劣的，处3年以上7年以下有期徒刑。

（4）伪造、变造、买卖证件罪。

伪造、变造、买卖驾驶证的，处 3 年以下有期徒刑、拘役、管制或者剥夺政治权利，并处罚金；情节严重的，处 3 年以上 7 年以下有期徒刑，并处罚金。

在依照国家规定应当提供身份证明的活动中，使用伪造、变造的或者盗用他人的驾驶证，情节严重的，处拘役或者管制，并处或者单处罚金。同时构成其他犯罪的，依照处罚较重的规定定罪处罚。

三、道路运输法律法规

（五）违法经营行为处罚相关规定

驾驶员从事道路运输经营活动，违反《道路运输条例》、《道路货物运输及站场管理规定》、《道路运输从业人员管理规定》等法规规定时，道路运输管理机构将责令其停止经营或改正，并按有关规定进行处罚。

违法经营行为	处罚措施
使用失效、伪造、变造的从业资格证件，驾驶道路货物运输车辆的	道路运输管理机构责令改正，处200元以上2000元以下罚款；构成犯罪的，依法追究刑事责任
取得道路运输经营许可的经营者使用无道路运输证件、无效道路运输证件或者超出道路运输证件标明的经营范围的车辆，从事道路运输经营活动的	道路运输管理机构责令改正，处以3000元以上1万元以下罚款
道路运输经营者不按照规定携带道路运输证件的	道路运输管理机构责令改正，处警告或者20元以上200元以下的罚款
不符合规定条件的人员驾驶道路运输经营车辆或者超越从业资格证件核定范围驾驶道路货物运输车辆的	道路运输管理机构责令改正，处200元以上2000元以下罚款；构成犯罪的，依法追究刑事责任

违法经营行为	处罚措施
道路运输经营者擅自改装已取得车辆营运证的车辆的	道路运输管理机构责令改正，处5000元以上2万元以下罚款
道路运输经营者不按照规定维护、检测运输车辆的	道路运输管理机构责令改正，处以1000元以上5000元以下罚款
没有采取必要措施防止货物脱落、扬撒的	道路运输管理机构责令改正，处1000元以上3000元以下罚款；情节严重的，由原许可机关吊销道路运输经营许可证或者吊销相应的经营范围
超出核定的期限、范围、区域或者场所等许可事项从事道路运输经营	道路运输管理机构责令停止经营，有违法所得的，没收违法所得，处以违法所得2倍以上10倍以下罚款；没有违法所得或者违法所得不足2万元的，处以3万元以上10万元以下罚款；构成犯罪的，依法追究刑事责任
货运站经营者对超限、超载车辆配载，放行出站	道路运输管理机构责令改正，处1万元以上3万元以下罚款

三、道路运输法律法规

违法经营行为	处罚措施
大型物件运输车辆不按规定悬挂、标明运输标志	道路运输管理机构责令限期整改，整改不合格的，予以通报
运输没有限运证明物资或者未查验禁运、限运物资证明，配载禁运、限运物资	

（六）重大交通违法行为记分相关规定

2016年1月，公安部修改了《机动车驾驶证申领和使用规定》（公安部令第139号），并于2016年4月1日起施行。其中，规定机动车驾驶人有下列违法行为之一的，一次记12分：

①驾驶与准驾车型不符的机动车的；

②饮酒后驾驶机动车的；

③造成交通事故后逃逸，尚不构成犯罪的；

④上道路行驶的机动车未悬挂机动车号牌的，或者故意遮挡、污损、不按规定安装机动车号牌的；

⑤使用伪造、变造的机动车号牌、行驶证、驾驶证、校车标牌或者使用其他机动车号牌、行驶证的；

⑥驾驶机动车在高速公路上倒车、逆行、穿越中央分隔带掉头的；

⑦驾驶中型以上载货汽车、危险物品运输车辆在高速公路、城市快速路上行驶超过规定时速20%以上或者在高速公路、城市快速路以外的道路上行驶超过规定时速50%以上，以及驾驶其他机动车行驶超过规定时速50%以上的。